T0017582

¿EL CIELO O EL INFIERNO?
EL SUICIDIO FRENTE
A LA PALABRA DE DIOS

¿EL CIELO O EL INFIERNO? EL SUICIDIO FRENTE A LA PALABRA DE DIOS

WILO VÁZQUEZ

Número de Control de la Biblioteca del Congreso de EE. UU.: 2018907045

ISBN:	Tapa Dura	978-1-5065-2562-4
	Tapa Blanda	978-1-5065-2561-7
	Libro Electrónico	978-1-5065-2560-0

Información de la imprenta disponible en la última página.

Fecha de revisión: 19/06/2018

Para realizar pedidos de este libro, contacte con:
Palibrio
1663 Liberty Drive
Suite 200
Bloomington, IN 47403
Gratis desde EE. UU. al 877.407.5847
Gratis desde México al 01.800.288.2243
Gratis desde España al 900.866.949
Desde otro país al +1.812.671.9757
Fax: 01.812.355.1576
ventas@palibrio.com
781108

ÍNDICE

Dedicatoria ix

Introducción xi

Capítulo 1 Historia 1

Capítulo 2 Casos reales de suicidios 6

Capítulo 3 Perspectiva Psicológica en el suicidio 16

Capítulo 4 Jóvenes y ancianos frente al suicidio 21

Capítulo 5 Hostigamiento y la aflicción familiar 27

Capítulo 6 Intentos de suicidios y factores de riesgos 41

Capítulo 7 La esperanza en Dios y su preciosa Palabra 49

Bibliografia 65

[38] Por lo cual estoy seguro de que ni la vida, ni la muerte, ni ángeles, ni principados, ni potestades, ni lo presente, ni lo por venir,39 ni lo alto, ni lo profundo, ni ninguna cosa creada nos podrá separar del amor de Dios, que es en Cristo Jesús Señor nuestro. Romanos 8: 38 y 39

Dedicatoria

Quiero por medio de este escrito poder ayudar a los familiares y amigos que han perdido un ser querido a través del acto del suicidio. Para muchos un pecado de muerte y para otros una dolorosa situación de incertidumbre. Yo cómo muchos de ustedes he tenido que enfrentar de cerca este acto tan triste. Gracias a la misericordia de Dios ya nuestras víctimas pueden recibir servicios eclesiásticos. La iglesia ha entendido que el servicio no es para la víctima sino para sus familiares. Por medio de una investigación bien minuciosa y la ayuda del Espíritu Santo he podido recopilar información que nos ayudará a entender y respetar este acto.

Cómo Especialista en Salud Mental y Estudiante de la Palabra de Dios dediqué unos meses entrevistando Terapistas, Enfermeras y Psiquiatras para poder entender la parte física y emocional de este triste y controversial tema. Para darle una explicación holística al asunto visité unos cuántos Pastores para aclarar muchas de mis dudas, además consideré importante la oración y la plática con Jesús con respecto a este tan doloroso asunto que se ha convertido en una pandemia. Extiendo una invitación de amor y compasión a cada uno de ustedes interesados en este tema a que lean este pequeño libro y reflexionen sin enjuiciar a la víctima.

Introducción

En los años 70 era muy raro hablar del suicidio a nivel mundial, más sin embargo mi tío Nolasco fue víctima de este acto tan horrendo. Hoy más de un millón de personas a nivel mundial mueren a causa de este terrible mal.

La muerte de mi tío cambio mi vida dejando en mi mente preguntas sin contestar. Mis sentimientos sobre el suicidio eran muchos. Por haber sido criado en el temor de Dios me era imposible entender el porqué del suicidio de mi tío.

Crecí en un pueblo de Puerto Rico llamado Bayamón. Mi madre nos presentó al Señor Jesús desde muy temprana edad. Recuerdo que a la edad de cinco años formaba parte de la Escuela Dominical donde aprendí el amor de Dios y el maravilloso plan designado por él para cada uno de nosotros. Siempre que terminaba la Escuela Bíblica mi madre, mi hermana y yo pasábamos a visitar a mi tío abuelo Nolasco que vivía en un lugar para las personas de la tercera edad llamado los Yoyos en Bayamón. Para nosotros era muy divertido irlo a ver ya que era el tío más querido de mi madre y el más dadivoso de todos los tíos. Nolasco era miembro de la Iglesia Discípulos de Cristo donde había pertenecido por más de tres décadas. Su personalidad era exclusiva y seca. Para el que no lo conocía, a primera vista parecía un hombre duro de carácter y poco amigable, pero para nosotros era cómo agua en el desierto ya que nos alimentaba todos los domingos y nos aconsejaba con consejos nobles y familiares. Siempre tenía una sonrisa y un cuento que contar. Para mi hermana Chitin y para mí era el proveedor que nos alimentaba todos los domingos y además nos daba una pesetita o mejor dicho 25 centavos a cada uno de nosotros para el desayuno del Lunes en la mañana. Mi madre solo dependía del Seguro Social que recibíamos por haber perdido nuestro padre. Éramos huérfanos pero teníamos un tío maravilloso que nos cuidaba y protegía.

Mi maravilloso tío Nolasco Aponte era miembro activo de la Iglesia y le encantaba leer la Palabra de Dios con mucha frecuencia. Siempre me hablaba del precioso plan de Dios para nosotros sus hijos. Uno de sus versículos preferido era, Jeremías 29:11

Porque yo sé muy bien los planes que tengo para ustedes afirma el Señor, planes de bienestar y no de calamidad, a fin de darles un futuro y una esperanza.

Él siempre quería recordarme ese versículo y me decía, ¨Papá Dios te ha de ayudar para que estudies una carrera y ayudes a Juanita¨ como cariñosamente llamaba a mi mamá. Mi tío abuelo sembró esa esperanza en mí desde muy pequeño. En mi primer libro Dios y el hombre de carne y huesos hablo más claramente de mi trayectoria de estudios Universitarios.

Mi tío abuelo se enfermó y lo hospitalizaron en el hospital Regional de Bayamón. Al parecer se había sentido enfermo de su estómago. Luego de haber estado tres días en el piso tres de dicho hospital comenzó a desesperarse y decidió remover unos tornillos de la ventana de su cuarto. Una vez completa esta tarea y pudiendo abrir la ventana se lanza al vacío ocasionándose la muerte.

Cuando recibí la noticia del suicidio de mi tío abuelo me encontraba estudiando en el Politécnico de San Germán o Universidad Interamericana. Creo que fue como una noticia del día de los inocentes. Me reí e inmediatamente llamé a mi madre para confirmar este asunto. Que mi tío haya fallecido no era para mí una confusión, pues todos vamos a morir un día. Mi perturbación era poder explicar el porqué de este acto. Mi tío había sembrado en mi una esperanza espiritual muy hermosa. Su acto convirtió mi vida en tristeza y confusión. Pensaba, no puede ser, estoy viviendo un sueño. Mi dolor fue tan grande que afectó mi fe. Mi tío había sido mi mentor espiritual. ¿Qué le pasó? Acompañame a descubrirlo.

Capítulo 1

Historia

En la vida diaria nos enfrentamos a situaciones donde el suicidio llega y destruye a un familiar, un vecino, un amigo o alguien que conocemos. Mientras más cercana esta la victima de nuestras vidas mayor es el sufrimiento o el choque mental que nos causa. Nos quedamos con una impresión de abandono y sorpresa ya que no pudimos hacer nada para ayudar a esa persona. Nos decimos a nosotros mismos, ¿Qué pasó?, ¿Por qué nunca me hablo de su problema? Nos damos cuenta que no conocíamos a esa persona. La mayoría de las veces notamos algunas señales presentadas por la víctima, pero es demasiado tarde.

El suicidio es descrito como una acción de daño personal a uno mismo llevando la victima a la muerte. Esto ocurre cuando la víctima ve la vida grotesca y dolorosa. La vida para estas personas es de sufrimiento y desesperación. Pueden haber factores internos o externos que llevan a la persona a ver el suicidio como la única alternativa. Un factor interno puede ser una enfermedad incurable o terminar. Un factor externo puede ser la rotura de una relación amorosa. El suicidio a nivel mundial es la tercera causa de muerte entre las edades de 15 a 44 años. El suicidio a nivel mundial está representado 1.8 por ciento de acuerdo a la organización mundial de la salud. De acuerdo a las estadísticas alrededor de 37,000 personas cometen suicidio cada año. Recordemos que estas estadísticas están basadas en los casos reportados. El suicidio de acuerdo al Centro del Control de Enfermedades revela que este problema es el número once razones de muerte en los Estados Unidos.

¿Qué es suicidio?

El suicidio es un acto de matarte a tí mismo a propósito. La palabra suicidio viene del latín sui, equivalente a uno mismo y caedere que significa matar. Para muchas personas la palabra suicidio significa muchas cosas, vergüenza, venganza, misterio, dolor, ansiedad, castigo y otras.

¿Qué es suicidología?

Suicidología es el estudio a la prevención del suicidio.

Las personas han usado el suicidio a través de la historia. Las actitudes en el suicidio varían de una civilización a otra. Los egipcios cuando sufrían reconocían que su existencia sería mejor en otra vida y contemplaban el suicidio como alternativa. Ellos no consideraban el suicidio como una violación espiritual o algo que dañara el código de la época. Los estoicos, de la Escuela de Filosofía fundada en Atenas en los años 300 antes de Cristo creían que cuando las circunstancias de la vida no eran buenas y reconocían que habían vivido lo suficiente entonces cortaban sus venas en sus brazos y esperaban la muerte. Podemos mencionar algunos estoicos como Cato y Seneca que vivieron 95 años antes de Cristo. También los epicurios que creían en el suicidio como una alternativa aceptada. Epicurio que vivió 341 años antes de Cristo pensaba que la vida era todo placer. Cuando la vida dejaba de ser divertida y placentera entonces el ser humano podía tener como alternativa el suicidio. El filósofo griego Sócrates que nació en Atenas 469 antes de Cristo discutía que el suicidio nunca seria aceptado como una alternativa moralista. Él decía que el ser humano es propiedad de Dios y nadie puede disponer de su vida ya que ésta no le pertenece. Pero aun así él mismo comete suicidio. Con el paso del tiempo la sociedad comenzó a reaccionar de una manera hostil en contra del suicidio como alternativa. Los teólogos Tomás de Aquino 1225 después de Cristo y el alemán Filósofo Emanuel Kant 1788, pensaban que el suicidio era un insulto a la humanidad. También decían que el ser humano tenía la obligación de vivir sin importarle sus circunstancias. En 1937 en Nueva Jersey la corte declaró que el atento al suicidio era un crimen y esta ofensa sería castigada con tres años de cárcel y una multa no más de 1000 dólares. En el año 1968 la Asociación Médica Americana consideró el intento de suicidio como una ofensa castigada por la justicia como un caso menor.

Capítulo 2

Casos reales de suicidios

Caso 1

En los años ochenta mientras me encontraba cursando estudios doctorales en la Universidad de Texas me llegó la noticia que un gran amigo y compañero de la Escuela Superior se había suicidado. Fue una sorpresa de tristeza y desesperación. Este amigo se había metido en un problema de tipo moral y ético. Por vergüenza y culpabilidad decidió acabar con su vida. Al parecer para él fue una situación sin salida. No lo consultó con nadie sino que callado decide tomar su vida como una salida a su problema. En los años 80 el suicidio en Puerto Rico era un tabú o mejor dicho un misterio. La iglesia lo condenaba radicalmente olvidándose de un Dios misericordioso y bondadoso. Sin conocer las causas y razones enviamos a estas víctimas al mismo infierno. Nos convertimos en jueces de nuestros hermanos y amigos.

Catalogamos a las víctimas como cobardes y desbalanceados mentales.

En el libro Entendiendo tu sufrimiento de suicidio escrito por Dr. Alan D Wolfelt nos presenta una voz de compasión, sensibilidad y agonía al perder un ser querido víctima del suicidio. Nos exhorta y nos enseña a trabajar con nuestras emociones y a no esconder el sufrimiento de la perdida. Podemos encontrar paz si dejamos de pensar en el porqué del acto y nos sensibilizamos más para poder celebrar lo que fue esa persona en vida. Es necesario crecer con la experiencia y dejar que tú espíritu se nutra de paz tranquilidad y comprensión al aceptar el acto. Es importante la restauración de tu vida.

El suicidio es considerado un misterio. No podemos descifrar lo que en ese momento está pasando por la mente del individuo que comete el acto. Es inexplicable, por eso es un misterio al no poderlo explicar. La mayoría de las veces tenemos en nuestras mentes la pregunta, ¿Por qué lo hizo? En otras ocasiones nos avergonzamos y no nos gusta hablar del asunto. Otras veces nos sentimos culpables sin entender que para muchos el hablar de suicidio es doloroso. El acto del suicidio es un tabú y deja en el que lo practica un sello de frustración mental que todos criticamos. Reconocemos que cualquier enfermedad en el ser humano es justificada menos el suicidio. Cualquier muerte natural tiene una explicación científica más sin embargo el que atenta contra su vida no. Venimos arrastrando unos prejuicios a través de los años. Las personas que atentan contra su vida se encuentran dentro de unas tensiones mentales que aparentemente no son capaces de resolver. Creen que la manera más fácil es por medio del suicidio. Este acto desarrolla en los familiares de las victimas la pregunta, ¿Por qué?, y que hubiera hecho para prevenir este acto. En medio de una ansiedad comunal los sobrevivientes se preguntan, ¿Cómo enfrentar a los familiares y amigos? Recordemos que el suicidio es un ladrón que ha robado lo más preciado. Aún en el siglo 21 el suicidio viene hacer un acto de índole privado. Aunque para muchas personas el hecho de morir bajo el suicidio es una alternativa personal de cada individuo. Para otros es un acto diabólico de personas con un desequilibrio mental avanzado. El suicidio es un acto contemplado por muchas personas en algún momento dado de su vida. Nadie esta exento de este pensamiento suicida. El ser humano por lo general tiene tendencias de auto destrucción. Recordemos que esto varía de acuerdo a los golpes y las fracturas recibidas durante la niñez.

Estos deseos suicidas se pueden expresar con diferentes pensamientos como por ejemplo;

¨Si me suicido todos sufrirán mi muerte¨

¨Si cometo suicidio la novia que me dejo se sentirá culpable y triste¨.

¨Prefiero morir a seguir viviendo en este sufrimiento¨.

¨Todos se sentirán mejor sin mí¨.

Estas frases y expresiones se relacionan muy de cerca con las víctimas de este acto. Esta manera de pensar ayuda a las víctimas a pasar al otro lado sin ningún remordimiento. Estas expresiones no están lejos de nosotros pues de acuerdo con las estadísticas, en los Estados Unidos cada minuto alguien trata de quitarse la vida.

Se reportan alrededor de 30,000 casos de suicidio al año. Podemos decir que el número es todavía mayor pues hay casos que no son reportados. En muchos casos el suicidio se presenta como un accidente y no como lo que verdaderamente fue. Por ejemplo, una persona que muere ahorcado. Los investigadores cortan la soga y lo llevan al hospital y allí los médicos diagnostican que murió de asfixia. Esto tranquiliza a los familiares y hace que se sientan mejor.

Muchos científicos y estudiosos han llegado a la conclusión que el modelo suicida sigue estas directrices. Podemos ver estudios llevados a cabo por Neuriger y Lettieri y otros en los años 1984 determinaron que:

a. *Las personas suicidas tienen una manera muy predominante de ver la vida.*
b. *Estos individuos incorporan elementos negativos del diario vivir y lo relacionan con la muerte, por ejemplo; prefiero la muerte antes que el divorcio.*
c. *Estos elementos negativos aumentan y respaldan el suicidio.*

d. Ven la muerte cómo el escape a obtener algo nuevo que cambiará su trayectoria de vida.

El suicidio es un acto que se lleva acabo solo. En la soledad del individuo que quiere terminar con su vida. No podemos entender como esa persona a la cual queremos y amamos tanto haya escogido el suicidio como alternativa. Tenemos que sensibilizarnos para poder entender y tolerar este sufrimiento. Es necesario abrir nuestros corazones para escuchar el grito de desesperación de nuestras víctimas.

Muchas enfermedades mentales y físicas interrumpen nuestro diario vivir. Muchas veces el ser humano se encuentra dentro de una burbuja de dolor y desesperación. Posiblemente no haya dolor físico, pero hay una desesperación interna que acelera el proceso de muerte. Con el acto del suicidio las víctimas piden a grito una ayuda inmediata. La víctima cree que intentando suicidarse obtendrá la atención deseada. También puede ser que la víctima quiere castigar de una forma muy dolorosa a los que están a su alrededor.

Caso 2

Una de mis pacientes había recibido la visita de su madre la cual venía desde una de las villas localizadas en el estado de Alaska. La joven de 15 años se encontraba en este Centro de la Conducta donde recibía ayuda para superar algunos trastornos y traumas de su niñez. A las 2:00 de la tarde su madre decide llevar a su hija de compras al Centro Comercial. Por lo general su papá es el que siempre viene a verla. La relación de la paciente y su padre es muy cerrada y me atrevería a decir que un poco inapropiada. Desafortunadamente esta vez él no pudo venir. Su mamá estaba muy contenta tratando de hacer que su hija estuviera contenta y feliz. La paciente estaba muy molesta pues la relación con su madre no era la mejor. Una vez llegan al Centro Comercial entra una llamada al celular de la madre. La paciente se da cuenta que es su padre. De inmediato arrebata el celular. La madre toma el control y apaga el celular. La paciente llena de ira corre al borde de un barandar en el cuarto piso del Centro Comercial y se lanza ocasionándose la muerte.

Caso 3

Hace unos años mientras me encontraba trabajando en una Clínica de la Conducta en Alaska conocí una jovencita de unos dieciséis años que sufría de bipolaridad. Sus estados de ánimos eran bien variados. Esta joven había sido maltratada física y sexualmente por sus padres. Ella había construido una barrera de protección. Siempre que hablábamos la encontraba en crisis. Por lo general cortaba sus brazos con cualquier objeto encontrado o usaba sus uñas. Luego de terminar su ritual se bañaba para refrescar su cuerpo. Una mañana del mes de septiembre utilizando unos cubridores de almohadas preparó una especie de cuerda la cual utilizó para terminar su jornada en la tierra. Dejo escrita una carta donde expresaba su soledad y su lucha al no poder entender ese tan horrendo abuso familiar que había sufrido a través de los años.

Caso 4

En los años setenta todos conocimos un caso de suicidios en masas ocurrido en las Guyanas al Norte de Sur América. Un hombre en Indianápolis de nombre Jim Jones utilizó su poder de líder para controlar a un grupo de individuos que tenían una fe ciega en él. Después de haberlos doctrinado por mucho tiempo los llevó a un lugar muy apartado dónde construyeron su propio mundo. Dejando atrás todas sus pertenencias, familiares y amigos. Allí en aquel lugar apartado sembraban y trabajaban para el sustento de la comunidad mientras este líder controlaba sus pensamiento e ideas. Una mañana prepara un brebaje donde todos los que forman parte de esa comunidad están obligados a tomarlo. Aprovechando el control sobre ellos les pide que lo tomen. Y es así cómo todos en la comunidad mueren.

Caso 5

Así cómo el caso 4 paso en este otro caso de suicidio masivo llevado a cabo en Waco, Texas por el líder Koresh. Todos murieron en una batalla con el FBI.

Capítulo 3

Perspectiva Psicológica en el suicidio

Nadie realmente sabe porque los seres humanos se suicidan. Tratar de explicar y entender este acto tan complejo es una tarea muy difícil para el padre del psicoanálisis doctor Freud. Después de haber hecho unos estudios minuciosos llega a las siguientes conclusiones:

1. *El suicidio es motivado por unas intenciones subsconcientes. Aunque la víctima comunica sus deseos de una forma racional, el plan en su totalidad es inconciente.*
2. *La raíz y causa de acuerdo con Freud es la falta de ayuda, puede ser en el rechazo de la víctima y este sentimiento de soledad.*
3. *La persona suicida se siente con sentimientos de ambivalencia y hostilidad.*

4. *La víctima no se puede identificar con nadie ni con nada, se siente rechazado.*
5. *La persona suicida puede exhibir una conducta narcisista.*
6. *La persona suicida tiene mucho coraje con lo que percibe y se tranquiliza maltratándose así mismo.*
7. *La persona suicida comienza a perder el interés por sus objetivos y metas.*
8. *La persona suicida comienza a sentirse culpable y se critica así mismo.*
9. *La persona suicida no es capaz de ser organizada. No piensa con coherencia.*
10. *La persona suicida cuando enfrenta una condición de salud incurable quieren acelerar el proceso de la muerte.*
11. *Ocasionalmente las personas se suicidan porque se encuentran en un episodio psicótico y creen que deben morir por alguna razón que no hace sentido para el familiar, más sí para la víctima.*
12. *Personas que se siente perdiendo la batalla en contra de una depresión severa.*

Conducta Cognitiva

La conducta cognitiva es asociada a Aaron T. Beck y otros colegas universitarios. También Ellis y Meichenbaun están asociados con esta línea de pensamientos y escriben:

1. *El suicidio es asociado con depresión.*
2. *La persona suicida llega a ver sus problemas sin solución y sus pensamientos son pesimistas.*
3. *La persona suicida ve el futuro sin esperanza.*
4. *La persona suicida tiene un bajo concepto de sí mismo.*
5. *La persona suicida se ve como un estorbo para otros.*
6. *La persona suicida se ve sin alternativas.*
7. *La persona suicida tiene tristeza, coraje, ansiedad e uforía.*
8. *La persona suicida se siente rechazada y llena de dolor y resentimiento.*

Aprendizaje Social

Esta línea de aprendizaje tiene una visión social y está presentada por Lester 1987, Bandura y psicólogos clásicos como Pavlov y Skinner. Las características de esta línea de pensamiento son:

1. *El suicida aprende esta conducta desde su niñez y comienza a darle forma a través de las fuerzas del medio ambiente.*
2. *El personaje suicida aprende por medio de experiencias negativas a auto maltratarse. Aprende a odiar su existencia.*
3. *El suicida tiene una conducta negativa de sí mismo.*
4. *El suicida tiene sus expectativas muy altas y tratar de ir por encima de estas trae desesperación y tristeza.*
5. *El suicida puede ser manipulado de acuerdo con la intensidad del dolor humano, esto incluye desesperación.*

6. *El suicida no ve el acto como castigo sino como la única solución.*
7. *La persona suicida ha fallado en querer explicar lo inexplicable. Trata de explicar el conflicto existencial.*

Trágicamente el suicidio es la tercera causa de muerte en el mundo. Muchas personas reaccionan de una forma negativa ante las tensiones y preocupaciones del diario vivir. Por lo general ven el problema como un impulso negativo. Estas Escuelas de Pensamiento nos ayudan a identificarnos con nuestro interno ser.

Conductas impulsivas

1. *Daños corporales como cortarse y maltratar el cuerpo.*
2. *Emociones con cambios rápidos de conducta.*
3. *Relaciones enfermizas, personas que te han amado y hoy no te quieren*
4. *Pensamientos ilógicos que vienen a tu mente.*

Capítulo 4

Jóvenes y ancianos frente al suicidio

Los jóvenes se están matando en numerosos números, al parecer podemos decir que existe una epidemia de este mal. Todos los días alrededor de 1,000 jóvenes atentan contra sus vidas. El suicidio en los jóvenes se ha multiplicado en las últimas dos décadas. Hay una creencia muy errónea sobre el suicidio. Por años hemos creído que hablar del suicidio con nuestros jóvenes puede traer ideas o acelerar el proceso del mismo. Hablar de este tópico ayudará al joven a esclarecer algunas ideas erróneas. Psicólogos y psiquíatras recomiendan estas pláticas ya que ayudarán a nuestros jóvenes a entender que la vida es un regalo divino. Por lo general los jóvenes se sienten desprotegidos y solos en sus problemas. La frase más común en ellos es ¨estoy sólo en este túnel de oscuridad que nunca termina¨. Esas son las luchas de nuestros jóvenes adolescentes. Por lo general los jóvenes que atentan contra su vida o cometen suicidio tienen una estima muy baja. Muchos de estos jóvenes piensan que su familia se sentirá mejor sin ellos. Otros se sienten como extraños y fuera del círculo familiar. Nuestros muchachos también pasan por eventos donde pierden el contacto con un ser querido o se rompe una relación de amistad. También roturas amorosas que interrumpen la paz y la tranquilidad de la víctima. Por lo general ellos no quieren morir pero están gritando por atención de una manera errónea. Ellos quieren escapar de esa amarga situación. Por la falta de orientación y por la pobre valorización de la vida, los jóvenes tienen que entender que fracasar es de humanos. Todos en algunos momentos fracasamos. La mayoría de las veces le hacemos creer a nuestros jóvenes que la vida es siempre progresiva y libre de situaciones adversas. Hay muchos mitos que han sido creados a través de los años que aceleran este acto.

Mito: La tendencia al suicidio es hereditaria. Verdad: No hay evidencia genética al suicidio. Sin embargo, el hecho que alguien en la familia se haya suicidado puede afectar la conducta de un miembro y repetir la misma conducta.

Mito: Los jóvenes que hablan del suicidio, rara vez intentan hacerlo.
Verdad: La mayoría de los jóvenes que hablan del suicidio tienen realmente las intenciones.

Mito: Nada podrá detener al joven una vez haya decidido terminar con su vida.
Verdad: La mayoría de los adolescentes contemplan el suicidio pero tienen una lucha entre la vida y la muerte. Ellos sufren al no saber qué hacer.

Mito: El suicidio en los adolescentes ocurre cuando están enfermos mentalmente.
Verdad: La mayoría de los jóvenes que atentan contra su vida no están diagnosticados con problemas de salud mental. Sin embargo, una persona con una enfermedad mental crónica está más propensa al suicidio.

Es necesario ayudar a nuestros jóvenes con esperanzas divinas que los ayudarán a entender lo que nuestro padre Dios es capaz de hacer para ayudarnos.

Proverbios 4: 10

[10] Oye, hijo mío, y recibe mis razones, y se te multiplicarán años de vida.

El joven puede descubrir a través de este versículo que los años en el túnel del dolor son necesarios para nuestro crecimiento. Así podamos entender que la vida es un regalo divino. El creador es el que dice esto en su palabra; Deuteronomio 30: 19

[19] A los cielos y a la tierra llamo por testigos hoy contra vosotros, que os he puesto delante la vida y la muerte, la bendición y la maldición; escoge, pues, la vida, para que vivas tú y tu descendencia.

Los ancianos

Las personas esperan la mayoría de edad para descansar, tener paz y tranquilidad. No siempre es así. El suicidio en personas de la tercera edad es bien alto. Cada año más de 10,000 americanos mayores de 60 años se suicidan. La mayoría de edad viene acompañada de enfermedades físicas, mentales y emocionales. Nueve de cada diez de los ancianos de la tercera edad tienen problemas crónicos de salud. Problemas asociados a la vejez. Recordemos que la sordera causa ansiedad y soledades. La visión cambia con los años. Los músculos de las pupilas se afectan con la luz. La glaucoma comienza a afectar y las cataratas van cerrando el lente óptico. Con estos problemas se eliminan los libros pues es muy difícil leer, ver televisión y se eliminan los trabajos manuales dejando las actividades sociales. En el proceso de la vejez el individuo comienza a deteriorarse física, emocional y espiritual. La soledad aísla al anciano y lo entristece. Hay ciertos grupos más vulnerables que otros. Por ejemplo, los hombre de tez blanca mayores de 65 años son más propensas al suicidio que las mujeres blancas de la misma edad. Podemos notarlo en los hombres que pierden a sus esposas. Por lo general ellos mueren o se suicidan después de seis meses de estar sin sus esposas. Por el contrario las mujeres viudas se enfrentan a esa pérdida con mayor éxito superando la soledad.

Es esencial que los individuos de la tercera edad reconozcan a su creador y entiendan la importancia de ser agradecidos por los años vividos. Dentro del dolor de la perdida hay una salvación que tenemos que considerar reconociendo que el Dios nuestro es el que nos conforta y nos consuela, 2Corintios 1: 3 y 4;

[3] Alabado sea el Dios y Padre de nuestro Señor Jesucristo, Padre misericordioso y Dios de toda consolación,[4] quién nos consuela en todas nuestras tribulaciones para que con el mismo consuelo que de Dios hemos recibido, también nosotros podamos consolar a todos los que sufren.

Capítulo 5

Hostigamiento y la aflicción familiar

El suicidio por hostigamiento es el que ocurre por medio del continúo acoso diario donde la víctima esta frustrada, tiene miedo y se siente humillada. Muchas personas inmaduras y con falta de principios cristianos usan el hostigamiento como una forma de atropello y maltrato para hacer sufrir a la víctima. Hoy día el hostigamiento ha venido hacer más cruel que en las generaciones anteriores. Estos hostigadores utilizan los celulares y las computadoras para atacar a sus víctimas a todas horas, tanto en el día como en la noche. Estos acosos hacen que las víctimas;

1. *Experimentan emociones y síntomas de enfermedades mentales.*
2. *Pierden la habilidad de funcionar normalmente.*

3. *Se sienten tan tristes y atropellados que piensan en el suicidio como alternativa.*
4. *Prefieren suicidarse que matar al hostigador.*

Recordemos que hay un creador que está mirando todo el hostigamiento y Él pagará al hombre conforme a sus obras. Hay que esperar en los juicios divinos. Este hostigamiento no es para siempre, Proverbios 24: 11-12

[11] libra a los que son llevados a la muerte. [12] Porque sí dijeres: Ciertamente no lo supimos, ¿Acaso no lo entenderá el que pesa los corazones? Él mira por tu alma, él lo conocerá, y dará al hombre según sus obras.

Tengamos siempre presente de donde viene nuestra ayuda o nuestro socorro. El enemigo tratará de cerrar todas las puertas para destruirnos. Entendamos que esa es su labor, Salmos 121:2

[2] Mi socorro viene de Jehová, que hizo los cielos y la tierra.

No comentes a nadie tú situación porque aumentará el coraje del hostigador. Lo más importante es ir a nuestro socorro. Preséntale a tu creador en oración tu problema. No dejes que tu corazón sea puesto en tristeza y abatimiento. El Señor en los cielos sabe lo que necesitas, Salmos 42: 11

[11] ¿Por qué te abates, oh alma mía, y por qué te turbas dentro de mí? Espera en Dios; porque aún he de alabarte, salvación mía y Dios mío.

La familia de una persona suicida pasa por un proceso de culpa y aflicción que puede durar años. Este proceso crea un sello de críticas y comentarios de parte de los individuos que forman la comunidad cercana a la familia afectada. Se comienza a especular razones y circunstancias que llevaron a la víctima a cometer tan horrendo acto. A través de los años podemos ver como tratamos de llegar a conclusiones y hasta nos convertimos en dioses enviando a la víctima al mismo infierno. No nos sorprendamos con este comentario porque desafortunadamente es una realidad. El dolor de la perdida hace que aún los vecinos y amigos de la familia afectada sufran. Los consejeros y los terapistas se sienten tristes y frustrados porque el paciente perdió la batalla y sus técnicas terapéuticas fracasaron. Miembros de congregaciones y sinagogas se desmoralizan cuando uno de sus integrantes atenta contra su vida. La única salida del sufrimiento es poder sufrir la perdida libremente. No podemos remplazar el dolor por otras emociones. El sufrimiento y el llanto es una reacción natural y normal. Recordemos que no hay duración de tiempo para sanar. Todos tenemos reacciones diferentes. Algunos rechazan la trágica situación otros se resignan, algunos lo niegan no lo pueden aceptar, muchos lloran histéricamente y permanecen tranquilos y pasivos. En algunos casos los familiares se sienten culpables. Por lo general otros culpan a los médicos, enfermeras, pastores y hasta culpan a Dios por la perdida. El sufrimiento nunca es el mismo entre una persona y otra. No debemos hacer comparaciones. Nunca debemos decirle a los familiares de la víctima ¨Yo conozco tú sufrimiento¨ ya que el sufrimiento es individual en cada persona. Sé que muchas veces lo decimos porque creemos que este comentario ayudará a los familiares de la víctima. Cada sufrimiento es diferente cuando bregamos con la pérdida de un familiar por medio del suicidio. Es importante la aceptación del sufrimiento. Tenemos que dejar de fingir u ocultar el dolor. El tratar de ocultar el dolor es una falsa conducta. Al principio nos encontramos en una negación o sencillamente nos sentimos anestesiados o paralizados. No podemos comprender lo que ha pasado. Es un mal sueño, quiero despertar. Es muy difícil reconocer que ya no volverás a ver ni tocar a ese ser amado. Podemos sentir vergüenza y culpa a la misma vez. No queremos hablar con nadie sobre la causa de su muerte. Comenzamos a mentir para ocultar la realidad. Recuerdo una gran amiga de nuestra familia al perder uno de sus hijos víctima de un suicidio. Siempre que trataba de explicar la razón de la muerte de su hijo contaba historias diferentes. Pero nosotros sabíamos la verdad del asunto. Nunca en sus explicaciones mencionaba el suicidio. Así como a ella le ocurre a otras personas también. Se sienten avergonzadas por lo ocurrido. Los individuos que han intentado suicidarse o se han suicidado por lo general tienen pensamientos constantes como:

* *Las cosas nunca cambiarán.*
* *No puedo enfrentarme al futuro será mejor que me escape.*
* *Muchos se sentirán contentos cuando ya no este.*
* *No hay nada en esta vida que me motive a vivir.*
* *No me siento parte de esta familia.*
* *No puedo seguir viviendo así.*
* *Estoy muy deprimido para seguir adelante.*
* *Si lo hago todos me entenderán pues he sufrido mucho.*
* *No hablo del suicidio por llamar la atención de otros.*
* *Nadie quiere ayudarme todos están cansados de mí.*
* *Quiero estar junto a Jesús ya, me voy al cielo.*

Los individuos que han perdido la esperanza llegan a la conclusión que la mejor solución a sus problemas es la muerte. Recordemos que el enemigo nuestro es el príncipe de las tinieblas que siempre está mintiendo. Hace que seamos pesimistas y olvidemos que nuestro creador tiene todo bajo su control. En la vida vamos a tener aflicciones y situaciones dolorosas que aumentarán nuestra tristeza. Posiblemente te sentirás agobiado y cansado del peregrinaje aquí en la tierra. Aún el Apóstol Pablo se sintió triste y angustiado. En 2 de Corintios 4: 8 y 9 nos dice:

[8] que estamos atribulados en todo, más no angustiados, en apuros más no desesperados;9 perseguidos, más no desamparados, derribados pero no destruidos.

Pasamos por situaciones de tristezas y desesperos, pero tenemos una esperanza que es Cristo el Señor.

Las personas escogen el suicidio como una alternativa por muchas razones. En algunos casos el dolor psíquico es tan profundo que se le hace difícil a la víctima desviar sus pensamientos de este acto. Muchas veces sus sentimientos de desesperación y corajes los llevan cautivos a la muerte. En otros casos podemos ver como dolores crónicos intolerables aceleran este acto. El suicidio puede ser el resultado de soledades, humillaciones o dolores físicos. Son decisiones tomadas espontáneamente.

La vida después de la muerte es un misterio para muchos. Quiero que exploremos muchos de los documentos dejados por las víctimas. Muchas veces cartas con palabras finales que hacen que los familiares entiendan el porqué de este acto. Estas cartas dan una explicación más clara de lo ocurrido. Muchas de estas cartas o pequeñas notas podrán identificar lo ocurrido. Por lo general muchas de las víctimas se arrepienten de lo que han hecho. Otras cartas expresan coraje y frustración y otras de estas cartas dan una explicación lógica justificando así el acto. Muchas personas no dejan cartas ni notas pues su interés mayor es completar el proceso y dejar de sufrir.

Hablaba en clínica con un joven de unos catorce años que había llegado al hospital con un diagnóstico de maniaco depresivo. Me decía que había intentado suicidarse más de cuatro veces pero no había tenido éxito. Me decía que su condición era tan severa que nada lo hacía feliz. Contaba que su padre y sus tíos tenían la misma enfermedad y dos de ellos se habían suicidado. Este joven estaba bien ansioso. Al parecer los psiquíatras que lo habían atendido lo tenían bajo medicamentos todo el tiempo. Por más de dos semanas estuve trabajando con este jovencito. Entendí que su situación ameritaba urgencia. Cómo cristiano entendí que su problema era del alma. Necesitaba saber quién es su creador. Le explique los grandes propósitos que Dios tiene para él. También le recordé que la vida trae consigo tristezas y sinsabores. Es de humano luchar y llorar. Hay que aprender a bregar con los problemas del diario. Le fui dando herramientas bíblicas para que pudiera enfrentar las situaciones presentadas. Le explique el plan de salvación y la importancia de dar el paso de fe. El joven comenzó a entender los propósitos de Dios en su vida. Uno de los primeros versículos presentado en mis pláticas fue Filipenses 4: 6 y 7

6 No se inquieten por nada, más bien en toda ocasión con oración y ruego presenten sus peticiones a Dios y denle gracias. 7 Y la paz de Dios que sobrepasa todo entendimiento, cuidará sus corazones y sus pensamientos en Cristo Jesús Señor nuestro.

Es necesario que constantemente estemos depositando en nuestras mentes nuevos versículos que ayudarán a reforzar el amor hacía la vida. La víctima de esté acto tiene que ir cambiando su manera de pensar. En la epístola de Pablo a los Efesios capítulo 4: 23, Nos dice que el ser humano tiene que constantemente ir cambiando su manera de pensar. Cada día tenemos que ir renovando nuestros pensamientos, no alimentar pensamientos pesimistas.

[23] Y renovaos en el espíritu de vuestra mente.

Tenemos que ir cambiando nuestros pensamientos constantemente. Recordemos que el enemigo nuestro (el diablo) está siempre tratándonos de atacar. Su lugar favorito es nuestra mente. Comienza a perturbarnos, afligirnos y sobre todo nos arropa en su soledad. Cada uno de nosotros tenemos que estar dispuestos a proteger nuestros cuerpos. Hay una responsabilidad de nuestra parte en este cuidado. La vida ha sido un regalo de nuestro Creador. Él espera que lo cuidemos y lo respetemos. El tomar decisiones sobre lo que vamos hacer con nuestros cuerpos es una labor divina. En la epístola de Pablo a los Corintios podemos leer lo siguiente;

[19] ¿ Acaso no saben que su cuerpo es templo del Espíritu Santo, quién está en ustedes y al que han recibido de parte de Dios? Ustedes no son sus propios dueños; 1 Corintios 6: 19

Podemos notar que el suicidio es fuertemente criticado y juzgado por la sociedad; aunque para muchos dependen las circunstancias. Las personas aceptan más el suicidio cuando viene de enfermos en etapas terminales. Por lo general los individuos aceptan y justifican este acto cuando viene acompañado de el sufrimiento de la víctima. Para poder entender las causas es necesario que con un corazón compasivo podamos ayudar a los familiares afectados. Por lo general los familiares y amigos se sienten culpables ya que ellos ayudaron a la víctima a tomar esa tan fuerte decisión. Los familiares se sienten tristes y agobiados al no poder terminar con el sufrimiento del enfermo.

Hace alrededor de 19 años diagnosticaron a mi esposa con cáncer en los ovarios. Fue como haber entrado a un túnel de dolor y desesperación. Este cáncer era metastático (va de un lugar a otro). En mí había mucha incertidumbre y sufrimiento. Mi esposa era maestra de educación especial y poseía una paciencia maravillosa. Su tratamiento fue bien largo y doloroso. Para mí fueron momentos de lucha y desesperación. Dos meses antes de su muerte este cáncer se tornó bien agresivo. Comenzó afectar sus extremidades y su columna vertebral hasta el punto de dejarla completamente paralítica. Recuerdo que una mañana mi esposa me llamó muy desesperada. El cáncer le había llegado a los huesos y el dolor corporal era insoportable. Me pedía a gritos que le administrará más morfina de la acostumbrada. Ella quería pasar al otro lado. Quería que la ayudará a morir. Mi esposa era una mujer muy espiritual y estable pero está enfermedad la había fracturado en gran manera. Muy de prisa llame a su canceróloga (especialista en oncología) para recibir de ella una orientación. La especialista me notificó que era imposible aumentar la dosis de morfina porque sería su muerte. La frustración personal me hacía gritar de desesperación. Yo quería que ese sufrimiento terminara y estaba dispuesto hacer lo que fuera necesario para ayudar a mi esposa. Recuerdo que comencé a hablar con Dios y a pedirle una solución. Al terminar mi plegaría traté de hablar con mi esposa pero se había quedado dormida. A la mañana siguiente me despertó el silencio. Mi esposa había muerto.

Creí necesario traer está experiencia para que cada lector pueda entender la magnitud de este acto. Aunque creyente y practicante de el evangelio cristiano tuve el deseo de ayudar a mi esposa a morir. En otras palabras me incliné hacia el suicidio y estaba dispuesto a lo que tuviera que hacer para ayudar a mi esposa en su decisión. El Todopoderoso conociendo en lo profundo de mí corazón mis intenciones decide terminar con su vida. He querido traer está experiencia puesto que muchas veces nos encontramos en situaciones iguales o parecida y nos olvidamos de principios éticos y morales y actuamos a favor de este acto. Esto sonará un poco disonante a tus oidos pero es una dolorosa realidad. Tenemos que estar en los zapatos del enfermo para poder entender la desesperación que existe en las víctimas. Es por eso que el amor, la compasión y el entendimiento tienen que estar presentes para poder trabajar con las víctimas del suicidio.

Capítulo 6

Intentos de suicidios y factores de riesgos

A través de la historía hemos visto como el ser humano se refugia en el suicidio cada vez más. La falta de conección espíritual y la poca busqueda del Poder Superior ha tenido mucho que ver en tomar esta decisión tan radical. Nos encanta establecer relaciones horizontales con nuestros amigos y familiares y nos olvidamos que la relación vertical es la más importante. Esa relación tiene que ver con Nuestro Creador. Somos seres espírituales y estamos aquí en esta tierra como peregrinos. Aprendamos a comunicarnos con Dios todos los días. Estableciendo una relación vertical con el Todopoderoso cambiará nuestra manera de ver el mundo. La percepción se hace más positiva y tendremos más fuerzas para luchar en contra de nuestros aberrados pensamientos. Es muy importante que entendamos que el intento al suícidio es un grito del alma por ayuda. Es el alma la que está fracturada y la única medicina para sanarla se llama Jesús.

Algunos intentos de suicidio no parecen serios. Una joven que se toma un frasco de pastillas y asegura que alguién en la familia o un amigo la va a descubrir; o una persona que quiere la atención de su pareja. Quiero que tengamos en cuenta que todos los intentos de suicidio deben ser tomados con mucha seriedad y respeto sin importarnos la intensidad del asunto. Son más vulnerables aquellas personas que lo han intentado más de una vez. Doce por ciento de aquellos individuos que lo intentan por segunda vez tienen éxito. Si la persona sobre vive en el primer intento muchas veces dice ¨la próxima vez lo haré mejor¨, ellos asegurán que en un momento de ansiedad y desesperación lo volverán a intentar.

Riesgos en el suicidio

1. *Uno de los riesgos de suicidio podemos verlo en personas que han sido diagnósticadas con una enfermedad terminar como cáncer o M.S. El individuo que esta cuatropléjico y*

con dolor decide acabar con este maltirio quitandose la vida.

2. *Preocupaciones económicas: esta es una situación que afecta a muchas personas. Ven el futuro cómo algo incierto y deciden acabar con el dilema que los atormenta.*

3. *Muerte de un ser querido: con la muerte de un ser querido la tranquilidad familiar se interrumpe. Por lo general la falta de aceptación y el sufrimiento prolongado pueden ocasional una reacción de trágico alcance.*

4. *Muchas veces la rotura matrimonial y las dificultades domésticas se empeoran y es mejor terminar con todo este sufrimiento una vez por todas.*

Riesgos emocionales y mentales

Síntomas emocionales que acelerán y ayudan al deterioro mental creando un cansancio y un deseo de morir.

La mayoría de los individuos suicidas sufren de depresión. La depresión cambia la percepción de las personas creando una desesperanza y un desconsuelo. La persona no puede identificar cuando todo este problema comenzó. Por lo general el individuo piensa mucho en la muerte. Muchas veces se crean enfermedades psicosómaticas. La persona comienza a pensar que tiene una enfermedad terminar sin haber sido diagnosticado. Presentan poca energia. Los trabajos del diario se hacen difícil completarlos. Se les hace imposible tomar decisiones. Ya no quieren tener intimidad con su pareja. El individuo comienza a pensar que es impotente. La intimidad deja de ser placentera. Podemos mencionar algunas perturbaciones emocionales:

1. *Perdida de apetito o comer demasiado. Insomnia o perdida de sueño.*
2. *Persistir en estar solo.*
3. *Sentirse culpable y triste todo el tiempo.*
4. *Quejarse de dolores físicos con frecuencia.*
5. *Sentirse aburrido*
6. *Se despreocupa de su apariencia. Poca higiene.*

7. Dificultad para concentrarse
8. Preocupación por los temas de la muerte
9. Casí siempre enojado e irritado
10. No planea para el futuro

Muchas personas en depresión creen que la solución a sus problemas es el suicidio.

Salud Mental

La depresión y los problemas emocionales siguen siendo las causas más marcadas de suicidio en nuestra sociedad. De acuerdo con la Asociación de Suicidología la depresión siempre lleva al individuo a la posibilidad de un suicidio. Podemos decir que esta es la epoca de mayor depresión. La depresión es más que una pequeña tristeza momentaría. Esta enfermedad es tan complicada que muchos médicos la confunden con deficiencias de vitaminas, contaje de sangre bajo y hasta desbalance de azucar en la sangre. La depresión es una enfermedad muy compleja tanto para la medicina como para el clero. Este desorden afecta la motivación psíquica, física y conductual del individuo. Un por ciento muy alto de las víctimas de suicidio sufren de esta enfermedad. Uno de los síntomas más comunes es la perdida de placeres, la inabilidad de reír y disfrutar aquellas cosas que antes eran placenteras. El estado mental de los pacientes es de culpabilidad, desmoralización, desesperanza y melancolia. Los cambios en el dormir son obvios. Aparecen indicadores físicos como ansiedades, palpitaciones exageradas, boca seca y un sudor descontrolado. También hay unas reacciones somáticas como dolor de cabeza, de estómago y dolores en la columna vertebral. Estudios han demostrado que la deficiencia de químicos en el cerebro aumentan la intensidad de la depresión. La depresión no necesariamente significa que la persona afectada sea suicida o psícopata. Por lo general la mayoría de las personas depresivas estan en contacto con la realidad y pueden cuidarse así mismas. Los síntomas clínicos no son los suficientemente crónicos para enviar a un individuo a un hospital mental. Los individuos con depresión tienen momentos donde se desesperan y pueden tener conductas suicidas. Hay tres enfermedades mentales que se asemejan en síntomas:

La neurosis, es el nombre para las personas que demuestran miedos, tensiones y ansiedades excesivas. El neurótico esta en contacto con la realidad a pesar de la falta de confidencia en si mismo. Se sienten desconfiados y ansiosos.

Problemas de carácter o personalidad, estos individuos tienen defectos de consciencia, juicio o problemas para establecer relaciones. Estas personas no son psicóticas pero participan de actos anti-sociales sin sentirse culpables.

Psicosis, es el nombre para la salud mental que es más complicada y seria que la neurosis. Las personas con esta enfermedad por lo general no funcionan bien en los aspectos del mundo real como tener un trabajo, una familia y tener otras responsabilidades. En el área de la psicosis se incluyen los maníacos depresivos con cambios extremos de temperamentos de agitación y el 90% son suicidas.

Esquizofrenia, es la psicosis más común, tiene como características alucinaciones (oyen y ven cosas) que parecen reales. Con la esquizofrenia las cosas cambian de formas sin ninguna explicación. Se estima que un cuarto de aquellos pacientes con psicosis son suicidas. Varios estudios reportan que los pacientes con esquizofrenia tienen una alta frecuencia de suicidios.

Algunos factores de riesgos son:

a. suicidios en la familia
b. alcoholismo
c. crónicos usos de barbitúricos
d. depresiones maníaticas
e. esquizofrénicos con depresión secunadaria
f. enfermedades crónicas terminales
g. problemas matrimoniales tales como las separaciones o divorcios
h. problemas financieros

También podemos añadir, jóvenes que se sienten solos, homosexuales y lesbianas, nativos americanos entre edades de veinte y treinta años de edad, prisioneros y los veteranos de la guerra de Vietnan.

Capítulo 7

La esperanza en Dios y su preciosa Palabra

Recordemos que nunca podemos perder la esperanza de salvación aún en las dificultades. Recordemos que nuestro creador nos aconseja a amarle sobre todas las cosas y él cambiará nuestro futuro incierto en algo positivo. En la palabra de Dios encontramos versículos que nos ayudarán a confiar en sus promesa. Es necesario creerle a Él. En la epístola de Pablo a los Romanos 15: 13 nos dice;

[13] y el Dios de esperanza os llene de todo gozo y paz en el creer, para que abundéis en esperanza por el Poder del Espíritu Santo.

Encontramos también en la Palabra de Dios versículos que nos ayudarán a entender como el Padre de las Luces trabaja con el ser humano. Al principio de este escrito escribo el capítulo

8 del libro de los Romanos con los versículos 38 y 39 para darte una explicación de cuán grande es el amor de Dios. Quiero enfatizar en el versículo 39 donde dice;

39 ni lo alto, ni lo profundo, ni ninguna cosa creada nos podrá separar del amor de Dios,

Quiero que veamos donde dice, ni ninguna cosa creada nos podrá separar del amor de Dios. Miremos bien de cerca esa oración. El suicidio es una cosa creada. Si el individuo que comete este acto acepto a Cristo como Salvador personal entonces le toca a Dios extender su misericordia que cubrirá al que haya tomado el suicidio como alternativa. No lo digo yo sino la Palabra de Dios. También podemos encontrar en el Evangelio de Mateo 12: 31 nos dice:

31 Por tanto os digo: todo pecado y blasfemía será perdonado a los hombres, más la blasfemía contra el Espíritu Santo, no le será perdonado, ni en este siglo ni en el venidero.

Nosotros los humanos siempre estamos poniendo los pecados por niveles. El que miente critica al que es adultero y el que es fornicario critica al que es drogadicto o borracho. Así justificamos nuestros pecados. Que bueno sería si escudriñaramos la Palabra de Dios sin prejuicios. Recordemos que cada uno de nosotros ha necesitado ser redimido. He querido através de este escrito hacer visual una problemática existente en nuestra sociedad. Somos misericordiosos en algunos casos y en otros ni siquiera queremos oir razones. Nos cuesta entender el suicidio y minimizamos el sacrificio de Dios en la cruz del calvario cuando no podemos perdonar ese acto. En el momento que la persona cree, esta eternamente segura de su salvación ya que es un regalo de Dios para la humanidad. Podemos justificar ésto por la Palabra Divina donde dice el Evangelio de Juan 3: 16,

[16] Porque de tal manera amó Dios al mundo que ha dado a su hijo unigénito, para que todo el que cree en él no se pierda más tenga la vida eterna.

Cristo murió por cada uno de nuestros pecados. No podemos decir que murió por algunos pecados solamente. Posiblemente no pienses como yo, pero es lo que me dice la Palabra De Dios. Tenemos que tener presente que hay factores de riesgos como presiones externas, problemas emocionales, problemas existenciales y físicos que en algún momento confunden y desesperán al ser humano llevandolos al suicidio. Ten presente que la salvación es dada por la Gracia de Dios y nada nos podrá quitar ese regalo divino.

Al principio de este escrito mencioné el suicidio de mi tío abuelo Nolasco Aponte. He venido escudriñando por años su trágica muerte y así como he podido estudiar este tópico con mucho cuidado. A través de los años he visto muchos de mis amigos, vecinos y familiares ser victimas de suicidio. He tratado de presentar diferentes situaciones y escuelas de pensamientos que nos han informado sobre esta pandemía que ha estado afectando nuestra sociedad por años y años.

Como creyente en Jesucristo me he dado la tarea de hacer investigaciones y he llegado a la conclusión que el enemigo nuestro

(Satanás) ha venido perturbando nuestra mente y nos ha presentado un cuadro de la vida muy grotesco y catastrófico. Nos presenta la existencia humana cómo un problema que tenemos que resolver, nos quita las esperanzas y nos minimiza haciéndonos creer que no hay propósitos de parte del Creador para nosotros. Nos aleja de lo que Dios tiene para nosotros. Nos trata de separar del amor que el Todopoderoso nos tiene. Es importante que entendamos que el campo de batalla que usa el enemigo es la mente. Por esa razón nos la pasamos luchando en contra de esos pensamientos perturbadores que hacen que nuestra estadía en la tierra sea tan dificultosa. Te explico, en muchas ocasiones llegan a nuestra mente pensamientos que nos acusan y traen intranquilidad a nuestras vidas.

Hace alrededor de treinta y cinco años me encontraba estudiando Radiología en la Escuela de Medicina de Puerto Rico. Recuerdo que en el piso tercero de dicho Recinto se encontraba un cuarto lleno de cadáveres. Personas que habían fallecido y sus cuerpos fueron donados a la Escuela de Medicina. Me gustaba subir a este piso porque al mirar cada cadáver podía ver la magnífica creación de Dios y el misterio de la muerte. Para ese tiempo nuestra familia estaba pasando por una situación económica bastante precaria ya que mi padre había fallecido y mi madre era la única que proveía el sustento. Yo había decidido estudiar una carrera bastante cara y sacrificada. Si lees mi primer libro ¨Dios y el hombre de carne y huesos¨, entenderás mejor lo que estoy tratando de explicarte. Se me hacía muy difícil estudiar pues la matrícula y los libros eran muy caros. Un miércoles en la mañana subí hasta la azotea del Recinto y abrí la puerta para ver cuán hermoso se veía el panorama. Eran como alrededor de ocho pisos y podía ver el Hospital Universitario y el Municipal de San Juan, era una vista preciosa. Me senté a pensar en mi familia y el sacrificio que estaba haciendo mi madre para pagar mis estudios y los de mi hermana. En un abrir y cerrar de ojos estaba pensando pesimistamente sobre mi pobreza y la muerte de mi padre. Querido lector, esto trajo pensamientos suicidas a mi mente. Comencé a pensar, ¨yo no quiero que mi madre tenga que pasar por todo este sacrificio por mis estudios¨. Estuve alrededor de veinte minutos contemplando la idea de brincar de aquella altura. Sin embargo desde muy chico había conocido al dador de la vida ya que mi madre se había encargado de llevarnos a la Escuela Dominical y ahí nos enseñaban sobre Jesús. Recuerdo que mientras pensaba en esta alternativa vinieron a mi mente muchos versículos bíblicos y una fuerza me impulsaba abandonar aquel lugar. Hoy puedo decir que esa fuerza era el Espíritu Santo que mora en mí. Siempre guarde esta experiencia cómo algo muy personal y es la primera vez que la comparto. Quise hacerlo pues creo que aún los cristianos tenemos pensamientos aberrados y desbalanceados. Afortunadamente lo que nos fortalece es la relación maravillosa que tengamos con el Dios Omnipotente. Recordemos que no todos los casos son iguales es por eso que tenemos que ver cada situación individual.

Suicidios que aparecen en la Biblia

Los suicidios se remontan a la antigüedad. No es algo nuevo. Se han multiplicados los casos. En la Biblia, tanto en el Viejo Testamento cómo en el Nuevo se registran suicidios. Encontramos en Jueces 9: 54 el primer suicidio asistido. Se describe que cuando Abimélec llegó hasta la torre para atacarlos una mujer arrojó una piedra de molino y le partió el cráneo. Abimélec llamo a su ayudante y le dijo desvaina la espada y mátame pues no quiero que digan de mí que lo mató una mujer.

[54] De inmediato llamó Abimélec a su escudero y le ordenó: Saca tu espada y mátame, para que no se diga de mí: lo mató una mujer; entonces su escudero le clavo la espada, y así murió.

El segundo caso de suicidio registrado en la Biblia es el de Sansón, Jueces 16: 30. Luego de haber perdido los ojos hace una petición a Jehová para que le devolviera las fuerzas y vengarse de los Filisteos. Apretó con todas sus fuerzas los muros y la casa se derrumbó matando a todos los que estaban ahí incluyéndolo a Sansón.

[30] Y gritó: Muera yo junto con los filisteos. Luego empujó con todas sus fuerzas, y

el templo se vino abajo sobre los jefes y sobre toda la gente que estaba allí. Fueron muchos más los que Sansón mató al morir, que los que había matado mientras vivía.

El otro caso de suicidio aparece en 1 Samuel 31: 4 y 5. Saúl le pide a su escudero que lo matase pero él no se atrevió hacerlo. Entonces Saúl se arrojó sobre la espada y muere. Viendo esto el escudero también se arrojó sobre su espada y muere junto a Él.

[4] Saúl le dijo a su escudero, saca la espada y mátame, no sea que lo hagan incircuncisos cuando lleguen, y se diviertan a costa mía. Pero el escudero estaba tan asustado que no quiso hacerlo, de modo que Saúl mismo tomó su espada y se dejó caer sobre ella.5 Cuando el escudero vio que Saúl caía muerto, también él se arrojó sobre su propia espada y murió con él.

Un quinto suicidio descrito en la Biblia es el de Ajitofel en 2 Samuel 17: 23. Este era consejero de David y Absalón pero al ser descubierto como mentiroso. Se sintió mal y llegando a su casa y dejando todo en orden se suicida ahorcándose.

[23] *Ajitofel, por su parte, al ver que Absalón no había seguido sus consejos, aparejo el asno y se fue a su pueblo. Cuando llegó a su casa, luego de arreglar sus asuntos, fue y se ahorcó. Así murió, y fue enterrado en la tumba de su padre.*

El sexto suicidio es el que aparece en 1 Reyes 16: 18. El rey Zimri cuando ve que la ciudad va hacer tomada entra a su fortificación y prendió fuego al palacio real.

[18] *Cuando Zimri vio que la ciudad estaba a punto de caer, se metió en la torre del palacio real y le prendió fuego. Así murió.*

Y por último en el Nuevo testamento encontramos el suicidio de Judas en Mateo 27: 5

[5] *Entonces Judas arrojó el dinero en el santuario y salió de allí. Luego se ahorcó.*

En el acto del suicidio hay dos puntos a considerar; lo que causa el suicidio y la cuestión de la justicia de Dios delante de una mente perturbada. Hay muchas veces un desbalance bioquímico asociado a un profundo estado de depresión y temor. Recordemos que la salvación es algo personal y que ningún ser humano puede hacer juicio. Debemos resaltar que nadie es condenado por un acto aislado, sino por una conducta de vida.

El ser humano tiene preguntas las cuales no tienen explicación. El hombre sufre desde su nacimiento. Nos la pasamos parte de nuestras vidas buscando explicaciones a ciertas cosas que serán reveladas una vez estemos con el creador en el Reino de los Cielos. Recordemos que nuestra mente finita no puede entender lo infinito de Dios. Somos seres limitados. El acto de suicidio cadece de espera, permanece ciego ante el sufrimiento humano y descarta la posibilidad de reconocer que se puede vivir honrando nuestros cuerpos y renovando nuestras mentes constantemente. No podemos alimentar pensamientos pesimistas que destruirán el regalo más preciado, la vida. Aunque encontramos en ella sin sabores,

sufrimiento y hasta nos asusta la idea de la muerte pero la enfrentamos cómo un reto a lo desconocido.

El año pasado visite un lugar muy hermoso al noroeste de Alaska. Uno de mis sobrinos estaba muy contento he impresionado con este viaje y mirándome a los ojos me dijo; ¨No me gustaría morir nunca¨. Lo mire y le pregunte ¿por qué dices eso? Rápidamente me contestó, ¨es muy bonito vivir¨. Entonces con una sonrisa le dije, ¨Desafortunadamente ya estas muriendo, recuerda que desde que nacemos comenzamos a morir¨. No sé si me entendió pero me gusto su pensamiento positivo. Es de mucha importancia reconocer que en la vida no todo es color de rosas. Hay situaciones dolorosas y muy fuertes para poderlas sobre llevar. Más sin embargo la Palabra de Dios nos dice en Mateo 11:28;

28 Venid a mí todos los que estaís trabajados y cargados y yo os haré descansar.

Quiere decir que en la vida hay cansancio y sinsabores. Nos presenta la Palabra de

Dios una respuesta ante el sufrimiento y nos exhorta a descansar en Jesús. Tenemos que aprender a vivir siempre con una esperanza de que cada día las cosas se pondrán mejor. Poder disfrutar la vida teniendo en cuenta que cuando llegan los días malos tenemos que clamar al que nos conoce mejor que nadie, el Todopoderoso. Es así cómo podemos encontrar nuestro socorro. Es por eso que el Salmista David dice ¨Mi socorro viene de Jehová que hizo los cielos y la tierra¨. Salmo 121: 2

[2] Mi socorro viene de Jehová, que hizo los cielos y la tierra.

Si Jesús murió por nuestros pecados como no ser su sangre capaz y poderosa de perdonar al que comete suicidio. Si el sacrificio en la cruz nos hizo perfectos para siempre de acuerdo a Hebreos 7: 28 y 10: 14, dice que ningún pecado nos roba la salvación.

[14] Porque con un solo sacrificio ha hecho perfectos para siempre a los que está santificando.

Llegó un momento que por la presión del pueblo Moises le dice a Dios, quítame la vida. ¿No podrá un enfermo mental depresivo o esquizofrénico atentar a quitarse la vida siendo cristiano. Recordemos que no podemos hacer juicio. Todo lo que podemos hacer es razonar a través de verdades teológicas. La realidad es que Cristo murió en la cruz y pagó por nuestros pecados pasados, presentes y futuros. Podemos encontrar hombres llenos del poder de Dios que en algún momento dado de su vida han deseado la muerte. Miremos el caso de Elías que se encuentra en 1 Reyes 19: 3 y 4

[3]Viendo, pues, el peligro, se levantó y se fue para salvar su vida, y él fue por el desierto un día de camino, y vino y se sentó debajo de un enebro, [4]y deseando morirse dijo: Basta ya, Oh Jehová, quítame la vida, pues no soy mejor que mis padres.

Es de mucha tristeza oír y ver cómo hombres y mujeres cristianos hacen juicio ante el suicidio. Sabemos que es un pecado cómo lo es el adulterio, la fornicación, la mentira y otros.

Tengamos siempre presente que tenemos un abogado en el cielo que es Cristo Jesús no tratemos de usurpar esa responsabilidad que le pertenece a Dios. Si una persona que no ha aceptado a Cristo cómo salvador se suicida acelera su paso al infierno. No por el acto sino porque no lo aceptó cómo salvador. Sí un cristiano pasando por unos momentos de desesperación comete suicidio es una labor divina ser enjuiciado no nuestra. Tengamos siempre presente que la Palabra de Dios está llena de respuestas positivas ante momentos de crisis. Es necesario cambiar nuestra trayectoria negativa y apoyarnos en la Biblia. El cambio de pensamiento es muy necesario. Necesitamos atesorar las promesas divinas y hacerlas nuestras. Si miramos la Epístola de Pablo a los Filipenses 4: 8 vamos a poder vencer esos pensamientos negativos y pesimistas,

[8] Por lo demás, hermanos, todo lo que es verdadero, todo lo honesto, todo lo justo, todo lo puro, todo lo amable, todo lo que es de buen nombre; si hay virtud alguna, si algo digno de alabanza, en esto pensad.

Es muy hermoso cuando somos cristianos maduros y no guiados por emociones. Qué hermoso es descansar en sus promesas con un corazón compasivo y poder ayudar a nuestros hermanos en dificultades. Para poder entender este tema tan controversial y complicado nos tenemos que apoyar en la Palabra de Dios. Posiblemente este pequeño escrito no cambiará tu manera de pensar y hasta me juzgues por haberlo escrito. El ser cristiano es un pacto divino que nos respalda en todas las situaciones. Para terminar quiero hacerte estas preguntas, ¿Consideras que la sangre derramada en la cruz del Calvario fue poderosa o sigue siendo poderosa aún en nuestros días? ¿Podrá ser capaz de perdonar el acto del suicidio?

¡Dios te bendiga!

Bibliografia

Ben Fin Cham, Susanne Langer, Jonathan Scourfield and Michael Shiner; 2011, Understanding Suicide a Sociological Autopsy: PalGrave Macmillan

David Lester, PH.D, 1990; Current Concepts of Suicide: Philahelphia PA 1903

David Lester; 1993, Understanding Suicide a Case Study Approach: Nova Science Publishers Inc.

Earl A. Grollman; 1988, Suicide, Prevention, Intervention, Prevention: Beacon Press, Boston

June Hunt; 2013, Suicide Prevention, Hope When Life seems Hopeless: Peavody, Massachusetts

Kristine Bertini; 1995; Understanding and Preventing Suicide, University Press

Michael Cholbi; 2011, Suicide, The Philosophical Dimensions, Ontario, Canada

Thomas Joiner; 2005, Why people die by Suicide, Harvard College Press

Terry Williams; 2017, Teenage Suicide Notes an Ethnography of Self Harm, Columbia University Press

Bíblia de Estudios para Lideres; 2006, Nueva Versión Internacional, Zondervan Press

Printed in the United States
By Bookmasters